AF242434
Oz
348

SAINT
ANTOINE DE PADOUE

—❋—

Pain des Pauvres

———✦———

LITANIES ET PRIÈRES

ÉVREUX

IMPRIMERIE DE L'EURE

—

1901

Vu et permis d'imprimer :

Évreux, le 24 avril 1901.

FILLION,

Vic. gén.

SAINT ANTOINE DE PADOUE

PAIN DES PAUVRES

LITANIES ET PRIÈRES

———✳———

Saint Antoine de Padoue est né à Lisbonne, en Portugal, le 15 août 1195. Issu par son père de l'illustre famille de Bouillon, venue de France en Espagne pour y combattre les Sarrasins, et par sa mère de la royale famille de Tavera, qui régnait autrefois sur les Asturies, il se distingua de bonne heure par la pratique des plus éminentes vertus. Sa mère qui se nommait Thérèse, ayant obtenu cet enfant par l'intercession de la sainte Vierge, le jour de la fête de l'Assomption, lui inspira un grand amour pour Jésus et Marie, aussi dès sa jeunesse le trouvait-on sans cesse en prière et en adoration dans la cathédrale de Lisbonne, consacrée à la sainte Vierge, qui se trouvait en face de son palais. Pendant sa vie, qui ne fut que de trente-six ans, il ne cessa de chanter les gloires de la Mère de Dieu! La dévotion de saint Antoine toujours en grand honneur à Padoue, se réveille en France d'une manière merveilleuse et les grâces obtenues sont si nombreuses, que de tous côtés on place sa statue dans les églises, les chapelles et les oratoires particuliers, on aime à s'agenouiller devant la douce image de celui que tous nous avons invoqué depuis notre plus tendre jeunesse, pour retrouver les objets que nous avions égarés et qui devient de nos jours le *saint de la charité*, puisqu'il obtient des grâces sans nombre aux âmes de foi qui lui promettent du pain pour les pauvres. Les guérisons, les conversions, les affaires spirituelles et temporelles, pour lesquelles on sollicite sa protection, toutes les épreuves de la vie, ont provoqué, (et amènent encore de nos jours) une telle abondance de miracles, qu'il a reçu le beau nom de Thaumaturge, c'est-à-dire faiseur de miracles Dans la bulle de canonisation, Grégoire IX déclare que saint Antoine « a honoré l'Église tout entière par l'éclat de ses miracles. » Il semble que de sa profonde humilité, soit sortie cette puissance, et que Dieu ait voulu le glorifier en proportion de la manière dont il s'était abaissé, oublié et méprisé. Il quitte ses parents malgré leurs larmes et leur amour pour lui, il va prendre la dernière place parmi les fils de saint François d'Assise, pour pratiquer les plus héroïques vertus, il voudrait vivre dans la solitude et le silence, mais l'obéissance l'en fait sortir pour que le don de parole, si merveilleux chez lui, contribue au salut de ses frères; les foules le suivent, les conversions ne comptent plus, les confesseurs ne suffisent pas à la tâche qu'il leur prépare, enfin l'homme en saint Antoine de Padoue a retrouvé toutes ses gloires perdues et toute sa grandeur première; véritable lys vivant, Jésus se plaisait à venir se placer dans ses bras. Après plusieurs siècles de refroidissement, la dévotion à saint Antoine reprend donc toute sa vigueur, en particulier dans notre chère France, encouragée par ces grandes paroles de Léon XIII : « *Saint Antoine, sachez-le bien, n'est pas seulement le saint de Padoue, il est le saint de tout l'univers.* » La ville de Toulon se distingue entre toutes les villes de notre pays, par l'élan qui la porte vers le culte de saint Antoine. Cette dévotion s'est établie dans l'arrière-boutique d'une humble mais fervente chrétienne de Toulon, après des grâces obtenues par elle et par ses amies, à la suite de promesses de pain pour les pauvres. Une statue de saint Antoine fut placée dans une modeste chambre et depuis ce jour, dans cet oratoire improvisé, des chrétiens de tous les rangs de la société se trouvent sans cesse confondus dans une même prière d'amour et de reconnaissance ; les promesses et les offrandes sont chaque jour plus nombreuses, et Melle Bouffier, devenue la trésorière de saint Antoine, reçoit des sommes qui s'élèvent parfois à *quatre mille francs par mois*, ce qui lui permet de faire un bien immense aux œuvres qui abritent les vieillards et les orphelins. L'œuvre du pain de saint Antoine apporte donc des soulagements providentiels aux déshérités de la fortune. Recourons donc à saint Antoine, avec une grande confiance, dans toutes nos peines, promettons-lui du pain pour les pauvres, allons à lui avec un cœur purifié par la pénitence et la sainte Communion, et nous ferons la douce expérience de sa puissance sur le cœur de Dieu, et de sa charité pour ceux qui l'invoquent avec foi.

LITANIES

LITANIES DE SAINT ANTOINE

Seigneur, ayez pitié de nous.
Jésus-Christ, ayez pitié de nous.
Seigneur, ayez pitié de nous.
Jésus, écoutez-nous; Jésus, exaucez-nous.
Sainte Vierge Marie, patronne de l'Ordre séraphique, priez pour nous.

Saint Antoine de Padoue, perle de l'Ordre séraphique,
Saint Antoine de Padoue, parfait imitateur du séraphique François,
Saint Antoine de Padoue, enflammé du zèle des Apôtres,
Saint Antoine de Padoue, brûlant de la charité des Martyrs,
Saint Antoine de Padoue, orné des vertus des Confesseurs,
Saint Antoine de Padoue, resplendissant de la pureté des Vierges,
Saint Antoine de Padoue, portant dans ses bras l'enfant Jésus,
Saint Antoine de Padoue, marteau des hérétiques,

Saint Antoine de Padoue, lumière éclatante de l'Église,

Saint Antoine de Padoue, parfait modèle d'obéissance,

Saint Antoine de Padoue, amateur sublime de la pauvreté,

Saint Antoine de Padoue, lis de chasteté,

Saint Antoine de Padoue, violette d'humilité,

Saint Antoine de Padoue, rose de charité,

Saint Antoine de Padoue, terreur des démons,

Saint Antoine de Padoue, guide des voyageurs,

Saint Antoine de Padoue, guérisseur des malades,

Saint Antoine de Padoue, semeur des miracles,

Saint Antoine de Padoue, qui avez rendu la parole aux muets,

Saint Antoine de Padoue, qui avez rendu l'ouïe aux sourds,

Saint Antoine de Padoue, qui avez rendu la vue aux aveugles,

Saint Antoine de Padoue, qui avez redressé les boîteux,

Saint Antoine de Padoue, qui avez ressuscité les morts,

Saint Antoine de Padoue, qui faites retrouver les choses perdues,

Saint Antoine de Padoue, protecteur fidèle de ceux qui vous invoquent, priez pour nous.

Des embûches du démon, saint Antoine, délivrez-nous.

De tout mal, et surtout du péché, saint Antoine, délivrez-nous.

Dans tout le cours de notre vie, saint Antoine, protégez-nous.

Agneau de Dieu qui effacez les péchés du monde, etc.

ORAISON

Faites mon Dieu, par l'intercession de saint Antoine de Padoue que les enfants de votre Eglise se réjouissent en célébrant sa mémoire. qu'ils soient favorablement secourus dans tous leurs besoins et qu'ils méritent l'éternelle félicité par Notre-Seigneur.

PRIÈRE EFFICACE

Grand saint Antoine, je vous félicite de toutes les prérogatives dont Dieu vous a favorisé entre tous les saints. La mort est désarmée par votre puissance, l'erreur est dissipée par vos lumières, ceux

que la malice des hommes s'efforce d'accabler
reçoivent par votre secours le soulagement tant
désiré : les lépreux, les malades, les estropiés
obtiennent leur guérison par votre vertu, les orages
et les tempêtes de la mer sont apaisés à votre
commandement, les chaînes des captifs sont rom-
pues par votre autorité; les choses perdues se
retrouvent par vos soins et reviennent à leurs pos-
sesseurs légitimes; tous ceux qui vous invoquent
avec confiance sont affranchis des maux qu'ils
endurent et des périls qui les menacent; enfin il
n'est aucune nécessité sur laquelle votre pouvoir
et votre bonté ne s'étendent. O saint Antoine, puis-
sant intercesseur, par toutes ces grâces que le ciel
vous a faites, je vous supplie de prendre un soin
paternel de mon âme, de mon corps, de mes affaires et de ma vie tout entière, assuré que rien au
monde ne pourra me nuire tant que je serai sous
la conduite et sauvegarde d'un tel patron et protecteur, recommandez mes besoins et présentez
mes misères au Père des miséricordes, au Dieu de
toutes les consolations afin que par vos mérites, il
daigne me fortifier dans son service, me consoler
dans mes afflictions, me délivrer de mes maux, ou
tout au moins me donner la force de les supporter
pour le plus grand bien de mon âme. Je demande
ces grâces pour moi et pour tous ceux qui sont

dans les mêmes peines et dans les mêmes dangers. O parfait imitateur de *Jésus-Christ*, qui avez reçu le privilège spécial de faire trouver les choses perdues, je vous supplie de me faire trouver telle chose N....., si telle est la volonté de Dieu ; obtenez-moi du moins le repos de mon esprit et la paix de ma conscience, dont la privation m'afflige plus sensiblement que la perte de toutes les choses du monde. A ces faveurs, joignez-en une autre, celle de me tenir ferme dans la possession de ces biens intérieurs et cachés, en sorte qu'aucune force ennemie ne me les ravisse jamais et ne me sépare de mon *Dieu*, auquel soit honneur et action de grâces, maintenant et toujours. Ainsi soit-il.

Cinq *Pater* et *Ave* avec l'invocation : *saint Antoine, priez pour nous, pour l'Église et la Patrie.*

Evreux — Imp. de l'Eure, L. Odieuvre.

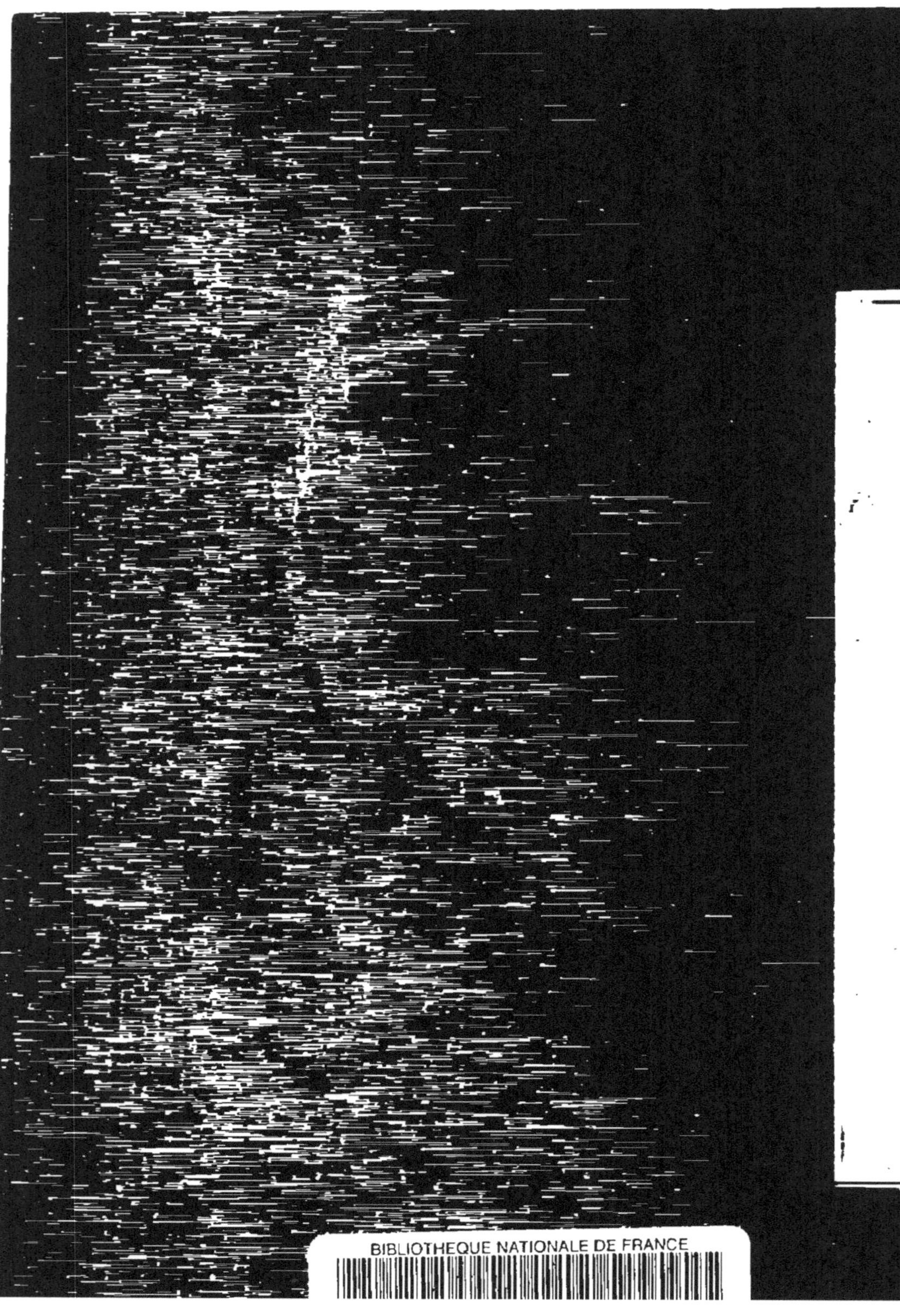